My Personal Internet Directory

Web Site Directory

Personal & Confidential Property of:

_____

Copyright ©2013 Lightside, LLC.

mypersonalplanners.com

Notes

Remember to keep this book in a safe place.

Website:

Company Name _____
Company Phone _____
Date Registered/Account Created _____

Registered Username _____
Account # _____
Registered Email Address _____
Password _____
Subscription Fees & Frequency _____
Details & Payment Notes _____
_____
_____

Website:

Company Name _____
Company Phone _____
Date Registered/Account Created _____

Registered Username _____
Account # _____
Registered Email Address _____
Password _____
Subscription Fees & Frequency _____
Details & Payment Notes _____
_____
_____

Website:

Company Name _____
Company Phone _____
Date Registered/Account Created _____

Registered Username _____
Account # _____
Registered Email Address _____
Password _____
Subscription Fees & Frequency _____
Details & Payment Notes _____
_____
_____

Website:

Company Name _____
Company Phone _____
Date Registered/Account Created _____

Registered Username _____
Account # _____
Registered Email Address _____
Password _____
Subscription Fees & Frequency _____
Details & Payment Notes _____
_____
_____

Website:

Company Name _____
Company Phone _____
Date Registered/Account Created _____

Registered Username _____
Account # _____
Registered Email Address _____
Password _____
Subscription Fees & Frequency _____
Details & Payment Notes _____
_____
_____

Website:

Company Name _____
Company Phone _____
Date Registered/Account Created _____

Registered Username _____
Account # _____
Registered Email Address _____
Password _____
Subscription Fees & Frequency _____
Details & Payment Notes _____
_____
_____

Website:

Company Name _____
Company Phone _____
Date Registered/Account Created _____

Registered Username _____
Account # _____
Registered Email Address _____
Password _____
Subscription Fees & Frequency _____
Details & Payment Notes _____
_____
_____

Website:

Company Name _____
Company Phone _____
Date Registered/Account Created _____

Registered Username _____
Account # _____
Registered Email Address _____
Password _____
Subscription Fees & Frequency _____
Details & Payment Notes _____
_____
_____

Website:

Company Name _____
Company Phone _____
Date Registered/Account Created _____

Registered Username _____
Account # _____
Registered Email Address _____
Password _____
Subscription Fees & Frequency _____
Details & Payment Notes _____
_____
_____

Website:

Company Name _____
Company Phone _____
Date Registered/Account Created _____

Registered Username _____
Account # _____
Registered Email Address _____
Password _____
Subscription Fees & Frequency _____
Details & Payment Notes _____
_____
_____

Website:

Company Name _____
Company Phone _____
Date Registered/Account Created _____

Registered Username _____
Account # _____
Registered Email Address _____
Password _____
Subscription Fees & Frequency _____
Details & Payment Notes _____
_____
_____

Website:

Company Name _____
Company Phone _____
Date Registered/Account Created _____

Registered Username _____
Account # _____
Registered Email Address _____
Password _____
Subscription Fees & Frequency _____
Details & Payment Notes _____
_____
_____

Website:

Company Name _____
Company Phone _____
Date Registered/Account Created _____

Registered Username _____
Account # _____
Registered Email Address _____
Password _____
Subscription Fees & Frequency _____
Details & Payment Notes _____
_____
_____

Website:

Company Name _____
Company Phone _____
Date Registered/Account Created _____

Registered Username _____
Account # _____
Registered Email Address _____
Password _____
Subscription Fees & Frequency _____
Details & Payment Notes _____
_____
_____

Website:

Company Name _____
Company Phone _____
Date Registered/Account Created _____

Registered Username _____
Account # _____
Registered Email Address _____
Password _____
Subscription Fees & Frequency _____
Details & Payment Notes _____
_____
_____

Website:

Company Name _____
Company Phone _____
Date Registered/Account Created _____

Registered Username _____
Account # _____
Registered Email Address _____
Password _____
Subscription Fees & Frequency _____
Details & Payment Notes _____
_____
_____

Website:

Company Name _____
Company Phone _____
Date Registered/Account Created _____

Registered Username _____
Account # _____
Registered Email Address _____
Password _____
Subscription Fees & Frequency _____
Details & Payment Notes _____
_____
_____

B

Website:

Company Name _____
Company Phone _____
Date Registered/Account Created _____

Registered Username _____
Account # _____
Registered Email Address _____
Password _____
Subscription Fees & Frequency _____
Details & Payment Notes _____
_____
_____

Website:

Company Name _____
Company Phone _____
Date Registered/Account Created _____

Registered Username _____
Account # _____
Registered Email Address _____
Password _____
Subscription Fees & Frequency _____
Details & Payment Notes _____
_____
_____

Website:

Company Name _____
Company Phone _____
Date Registered/Account Created _____

Registered Username _____
Account # _____
Registered Email Address _____
Password _____
Subscription Fees & Frequency _____
Details & Payment Notes _____
_____
_____

Website:

Company Name _____
Company Phone _____
Date Registered/Account Created _____

Registered Username _____
Account # _____
Registered Email Address _____
Password _____
Subscription Fees & Frequency _____
Details & Payment Notes _____
_____
_____

Website:

Company Name _____
Company Phone _____
Date Registered/Account Created _____

Registered Username _____
Account # _____
Registered Email Address _____
Password _____
Subscription Fees & Frequency _____
Details & Payment Notes _____
_____
_____

B

Website:

Company Name _____
Company Phone _____
Date Registered/Account Created _____

Registered Username _____
Account # _____
Registered Email Address _____
Password _____
Subscription Fees & Frequency _____
Details & Payment Notes _____
_____
_____

Website:

Company Name _____
Company Phone _____
Date Registered/Account Created _____

Registered Username _____
Account # _____
Registered Email Address _____
Password _____
Subscription Fees & Frequency _____
Details & Payment Notes _____
_____
_____

Website:

Company Name _____
Company Phone _____
Date Registered/Account Created _____

Registered Username _____
Account # _____
Registered Email Address _____
Password _____
Subscription Fees & Frequency _____
Details & Payment Notes _____
_____
_____

Website:

Company Name _____
Company Phone _____
Date Registered/Account Created _____

Registered Username _____
Account # _____
Registered Email Address _____
Password _____
Subscription Fees & Frequency _____
Details & Payment Notes _____
_____
_____

B

Website:

Company Name _____
Company Phone _____
Date Registered/Account Created _____

Registered Username _____
Account # _____
Registered Email Address _____
Password _____
Subscription Fees & Frequency _____
Details & Payment Notes _____
_____
_____

Website:

Company Name _____
Company Phone _____
Date Registered/Account Created _____

Registered Username _____
Account # _____
Registered Email Address _____
Password _____
Subscription Fees & Frequency _____
Details & Payment Notes _____
_____
_____

Website:

Company Name _____
Company Phone _____
Date Registered/Account Created _____

Registered Username _____
Account # _____
Registered Email Address _____
Password _____
Subscription Fees & Frequency _____
Details & Payment Notes _____
_____
_____

Website:

Company Name _____
Company Phone _____
Date Registered/Account Created _____

Registered Username _____
Account # _____
Registered Email Address _____
Password _____
Subscription Fees & Frequency _____
Details & Payment Notes _____
_____
_____

B

Website:

Company Name _____
Company Phone _____
Date Registered/Account Created _____

Registered Username _____
Account # _____
Registered Email Address _____
Password _____
Subscription Fees & Frequency _____
Details & Payment Notes _____
_____
_____

Website:

Company Name _____
Company Phone _____
Date Registered/Account Created _____

Registered Username _____
Account # _____
Registered Email Address _____
Password _____
Subscription Fees & Frequency _____
Details & Payment Notes _____
_____
_____

Website:

Company Name _____

Company Phone _____

Date Registered/Account Created _____

Registered Username _____

Account # _____

Registered Email Address _____

Password _____

Subscription Fees & Frequency _____

Details & Payment Notes _____

_____

_____

Website:

Company Name _____

Company Phone _____

Date Registered/Account Created _____

Registered Username _____

Account # _____

Registered Email Address _____

Password _____

Subscription Fees & Frequency _____

Details & Payment Notes _____

_____

_____

Website:

Company Name _____
Company Phone _____
Date Registered/Account Created _____

Registered Username _____
Account # _____
Registered Email Address _____
Password _____
Subscription Fees & Frequency _____
Details & Payment Notes _____
_____
_____

Website:

Company Name _____
Company Phone _____
Date Registered/Account Created _____

Registered Username _____
Account # _____
Registered Email Address _____
Password _____
Subscription Fees & Frequency _____
Details & Payment Notes _____
_____
_____

Website:

Company Name _____
Company Phone _____
Date Registered/Account Created _____

Registered Username _____
Account # _____
Registered Email Address _____
Password _____
Subscription Fees & Frequency _____
Details & Payment Notes _____
_____
_____

Website:

Company Name _____
Company Phone _____
Date Registered/Account Created _____

Registered Username _____
Account # _____
Registered Email Address _____
Password _____
Subscription Fees & Frequency _____
Details & Payment Notes _____
_____
_____

Website:

Company Name _____
Company Phone _____
Date Registered/Account Created _____

Registered Username _____
Account # _____
Registered Email Address _____
Password _____
Subscription Fees & Frequency _____
Details & Payment Notes _____
_____
_____

Website:

Company Name _____
Company Phone _____
Date Registered/Account Created _____

Registered Username _____
Account # _____
Registered Email Address _____
Password _____
Subscription Fees & Frequency _____
Details & Payment Notes _____
_____
_____

Website:

Company Name _____
Company Phone _____
Date Registered/Account Created _____

Registered Username _____
Account # _____
Registered Email Address _____
Password _____
Subscription Fees & Frequency _____
Details & Payment Notes _____
_____
_____

C

Website:

Company Name _____
Company Phone _____
Date Registered/Account Created _____

Registered Username _____
Account # _____
Registered Email Address _____
Password _____
Subscription Fees & Frequency _____
Details & Payment Notes _____
_____
_____

Website:

Company Name _____
Company Phone _____
Date Registered/Account Created _____

Registered Username _____
Account # _____
Registered Email Address _____
Password _____
Subscription Fees & Frequency _____
Details & Payment Notes _____
_____
_____

Website:

Company Name _____
Company Phone _____
Date Registered/Account Created _____

Registered Username _____
Account # _____
Registered Email Address _____
Password _____
Subscription Fees & Frequency _____
Details & Payment Notes _____
_____
_____

Website:

Company Name _____
Company Phone _____
Date Registered/Account Created _____

Registered Username _____
Account # _____
Registered Email Address _____
Password _____
Subscription Fees & Frequency _____
Details & Payment Notes _____
_____
_____

Website:

Company Name _____
Company Phone _____
Date Registered/Account Created _____

Registered Username _____
Account # _____
Registered Email Address _____
Password _____
Subscription Fees & Frequency _____
Details & Payment Notes _____
_____
_____

C

C

Website:

Company Name _____
Company Phone _____
Date Registered/Account Created _____

Registered Username _____
Account # _____
Registered Email Address _____
Password _____
Subscription Fees & Frequency _____
Details & Payment Notes _____
_____
_____

Website:

Company Name _____
Company Phone _____
Date Registered/Account Created _____

Registered Username _____
Account # _____
Registered Email Address _____
Password _____
Subscription Fees & Frequency _____
Details & Payment Notes _____
_____
_____

Website:

Company Name _____
Company Phone _____
Date Registered/Account Created _____

Registered Username _____
Account # _____
Registered Email Address _____
Password _____
Subscription Fees & Frequency _____
Details & Payment Notes _____
_____
_____

Website:

Company Name _____
Company Phone _____
Date Registered/Account Created _____

Registered Username _____
Account # _____
Registered Email Address _____
Password _____
Subscription Fees & Frequency _____
Details & Payment Notes _____
_____
_____

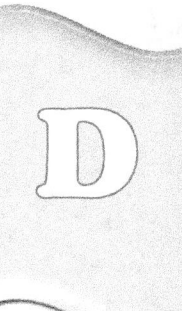

D

Website:

Company Name _____
Company Phone _____
Date Registered/Account Created _____

Registered Username _____
Account # _____
Registered Email Address _____
Password _____
Subscription Fees & Frequency _____
Details & Payment Notes _____
_____
_____

Website:

Company Name _____
Company Phone _____
Date Registered/Account Created _____

Registered Username _____
Account # _____
Registered Email Address _____
Password _____
Subscription Fees & Frequency _____
Details & Payment Notes _____
_____
_____

Website:

Company Name _____
Company Phone _____
Date Registered/Account Created _____

Registered Username _____
Account # _____
Registered Email Address _____
Password _____
Subscription Fees & Frequency _____
Details & Payment Notes _____
_____
_____

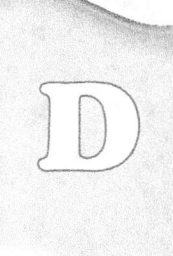

Website:

Company Name _____
Company Phone _____
Date Registered/Account Created _____

Registered Username _____
Account # _____
Registered Email Address _____
Password _____
Subscription Fees & Frequency _____
Details & Payment Notes _____
_____
_____

Website:

Company Name _____
Company Phone _____
Date Registered/Account Created _____

Registered Username _____
Account # _____
Registered Email Address _____
Password _____
Subscription Fees & Frequency _____
Details & Payment Notes _____
_____
_____

Website:

Company Name _____
Company Phone _____
Date Registered/Account Created _____

Registered Username _____
Account # _____
Registered Email Address _____
Password _____
Subscription Fees & Frequency _____
Details & Payment Notes _____
_____
_____

Website:

Company Name _____
Company Phone _____
Date Registered/Account Created _____

Registered Username _____
Account # _____
Registered Email Address _____
Password _____
Subscription Fees & Frequency _____
Details & Payment Notes _____
_____
_____

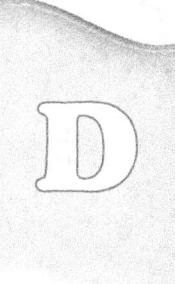

D

Website:

Company Name _____
Company Phone _____
Date Registered/Account Created _____

Registered Username _____
Account # _____
Registered Email Address _____
Password _____
Subscription Fees & Frequency _____
Details & Payment Notes _____
_____
_____

Website:

Company Name _____
Company Phone _____
Date Registered/Account Created _____

Registered Username _____
Account # _____
Registered Email Address _____
Password _____
Subscription Fees & Frequency _____
Details & Payment Notes _____
_____
_____

Website:

Company Name _____
Company Phone _____
Date Registered/Account Created _____

Registered Username _____
Account # _____
Registered Email Address _____
Password _____
Subscription Fees & Frequency _____
Details & Payment Notes _____
_____
_____

Website:

Company Name _____
Company Phone _____
Date Registered/Account Created _____

Registered Username _____
Account # _____
Registered Email Address _____
Password _____
Subscription Fees & Frequency _____
Details & Payment Notes _____
_____
_____

Website:

Company Name _____
Company Phone _____
Date Registered/Account Created _____

Registered Username _____
Account # _____
Registered Email Address _____
Password _____
Subscription Fees & Frequency _____
Details & Payment Notes _____
_____
_____

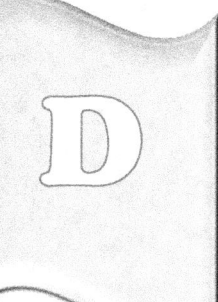

Website:

Company Name _____
Company Phone _____
Date Registered/Account Created _____

Registered Username _____
Account # _____
Registered Email Address _____
Password _____
Subscription Fees & Frequency _____
Details & Payment Notes _____
_____
_____

Website:

Company Name _____
Company Phone _____
Date Registered/Account Created _____

Registered Username _____
Account # _____
Registered Email Address _____
Password _____
Subscription Fees & Frequency _____
Details & Payment Notes _____
_____
_____

Website:

Company Name _____
Company Phone _____
Date Registered/Account Created _____

Registered Username _____
Account # _____
Registered Email Address _____
Password _____
Subscription Fees & Frequency _____
Details & Payment Notes _____
_____
_____

Website:

Company Name _____
Company Phone _____
Date Registered/Account Created _____

Registered Username _____
Account # _____
Registered Email Address _____
Password _____
Subscription Fees & Frequency _____
Details & Payment Notes _____
_____
_____

Website:

Company Name _____
Company Phone _____
Date Registered/Account Created _____

Registered Username _____
Account # _____
Registered Email Address _____
Password _____
Subscription Fees & Frequency _____
Details & Payment Notes _____
_____
_____

Website:

Company Name _____
Company Phone _____
Date Registered/Account Created _____

Registered Username _____
Account # _____
Registered Email Address _____
Password _____
Subscription Fees & Frequency _____
Details & Payment Notes _____
_____
_____

Website:

Company Name _____
Company Phone _____
Date Registered/Account Created _____

Registered Username _____
Account # _____
Registered Email Address _____
Password _____
Subscription Fees & Frequency _____
Details & Payment Notes _____
_____
_____

Website:

Company Name _____
Company Phone _____
Date Registered/Account Created _____

Registered Username _____
Account # _____
Registered Email Address _____
Password _____
Subscription Fees & Frequency _____
Details & Payment Notes _____
_____
_____

Website:

Company Name _____
Company Phone _____
Date Registered/Account Created _____

Registered Username _____
Account # _____
Registered Email Address _____
Password _____
Subscription Fees & Frequency _____
Details & Payment Notes _____
_____
_____

Website:

Company Name _____
Company Phone _____
Date Registered/Account Created _____

Registered Username _____
Account # _____
Registered Email Address _____
Password _____
Subscription Fees & Frequency _____
Details & Payment Notes _____
_____
_____

Website:

Company Name _____
Company Phone _____
Date Registered/Account Created _____

Registered Username _____
Account # _____
Registered Email Address _____
Password _____
Subscription Fees & Frequency _____
Details & Payment Notes _____
_____
_____

Website:

Company Name _____
Company Phone _____
Date Registered/Account Created _____

Registered Username _____
Account # _____
Registered Email Address _____
Password _____
Subscription Fees & Frequency _____
Details & Payment Notes _____
_____
_____

Website:

Company Name _____
Company Phone _____
Date Registered/Account Created _____

Registered Username _____
Account # _____
Registered Email Address _____
Password _____
Subscription Fees & Frequency _____
Details & Payment Notes _____
_____
_____

Website:

Company Name _____
Company Phone _____
Date Registered/Account Created _____

Registered Username _____
Account # _____
Registered Email Address _____
Password _____
Subscription Fees & Frequency _____
Details & Payment Notes _____
_____
_____

Website:

Company Name
Company Phone
Date Registered/Account Created

Registered Username
Account #
Registered Email Address
Password
Subscription Fees & Frequency
Details & Payment Notes

Website:

Company Name
Company Phone
Date Registered/Account Created

Registered Username
Account #
Registered Email Address
Password
Subscription Fees & Frequency
Details & Payment Notes

E

Website:

Company Name _____
Company Phone _____
Date Registered/Account Created _____

Registered Username _____
Account # _____
Registered Email Address _____
Password _____
Subscription Fees & Frequency _____
Details & Payment Notes _____
_____
_____

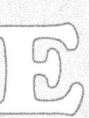

Website:

Company Name _____
Company Phone _____
Date Registered/Account Created _____

Registered Username _____
Account # _____
Registered Email Address _____
Password _____
Subscription Fees & Frequency _____
Details & Payment Notes _____
_____
_____

Website:

Company Name _____
Company Phone _____
Date Registered/Account Created _____

Registered Username _____
Account # _____
Registered Email Address _____
Password _____
Subscription Fees & Frequency _____
Details & Payment Notes _____
_____
_____

Website:

Company Name _____
Company Phone _____
Date Registered/Account Created _____

Registered Username _____
Account # _____
Registered Email Address _____
Password _____
Subscription Fees & Frequency _____
Details & Payment Notes _____
_____
_____

Website:

Company Name _____
Company Phone _____
Date Registered/Account Created _____

Registered Username _____
Account # _____
Registered Email Address _____
Password _____
Subscription Fees & Frequency _____
Details & Payment Notes _____
_____
_____

Website:

Company Name _____
Company Phone _____
Date Registered/Account Created _____

Registered Username _____
Account # _____
Registered Email Address _____
Password _____
Subscription Fees & Frequency _____
Details & Payment Notes _____
_____
_____

Website:

Company Name _____
Company Phone _____
Date Registered/Account Created _____

Registered Username _____
Account # _____
Registered Email Address _____
Password _____
Subscription Fees & Frequency _____
Details & Payment Notes _____
_____
_____

Website:

Company Name _____
Company Phone _____
Date Registered/Account Created _____

Registered Username _____
Account # _____
Registered Email Address _____
Password _____
Subscription Fees & Frequency _____
Details & Payment Notes _____
_____
_____

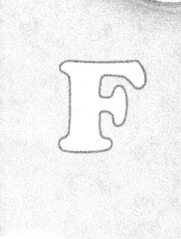

Website:

Company Name _____
Company Phone _____
Date Registered/Account Created _____

Registered Username _____
Account # _____
Registered Email Address _____
Password _____
Subscription Fees & Frequency _____
Details & Payment Notes _____
_____
_____

Website:

Company Name _____
Company Phone _____
Date Registered/Account Created _____

Registered Username _____
Account # _____
Registered Email Address _____
Password _____
Subscription Fees & Frequency _____
Details & Payment Notes _____
_____
_____

Website:

Company Name _____
Company Phone _____
Date Registered/Account Created _____

Registered Username _____
Account # _____
Registered Email Address _____
Password _____
Subscription Fees & Frequency _____
Details & Payment Notes _____
_____
_____

Website:

Company Name _____
Company Phone _____
Date Registered/Account Created _____

Registered Username _____
Account # _____
Registered Email Address _____
Password _____
Subscription Fees & Frequency _____
Details & Payment Notes _____
_____
_____

Website:

Company Name _____
Company Phone _____
Date Registered/Account Created _____

Registered Username _____
Account # _____
Registered Email Address _____
Password _____
Subscription Fees & Frequency _____
Details & Payment Notes _____
_____
_____

Website:

Company Name _____
Company Phone _____
Date Registered/Account Created _____

Registered Username _____
Account # _____
Registered Email Address _____
Password _____
Subscription Fees & Frequency _____
Details & Payment Notes _____
_____
_____

Website:

Company Name _____
Company Phone _____
Date Registered/Account Created _____

Registered Username _____
Account # _____
Registered Email Address _____
Password _____
Subscription Fees & Frequency _____
Details & Payment Notes _____
_____
_____

Website:

Company Name _____
Company Phone _____
Date Registered/Account Created _____

Registered Username _____
Account # _____
Registered Email Address _____
Password _____
Subscription Fees & Frequency _____
Details & Payment Notes _____
_____
_____

Website:

Company Name _____
Company Phone _____
Date Registered/Account Created _____

Registered Username _____
Account # _____
Registered Email Address _____
Password _____
Subscription Fees & Frequency _____
Details & Payment Notes _____
_____
_____

Website:

Company Name _____
Company Phone _____
Date Registered/Account Created _____

Registered Username _____
Account # _____
Registered Email Address _____
Password _____
Subscription Fees & Frequency _____
Details & Payment Notes _____
_____
_____

Website:

Company Name _____
Company Phone _____
Date Registered/Account Created _____

Registered Username _____
Account # _____
Registered Email Address _____
Password _____
Subscription Fees & Frequency _____
Details & Payment Notes _____
_____
_____

Website:

Company Name _____
Company Phone _____
Date Registered/Account Created _____

Registered Username _____
Account # _____
Registered Email Address _____
Password _____
Subscription Fees & Frequency _____
Details & Payment Notes _____
_____
_____

Website:

Company Name _____
Company Phone _____
Date Registered/Account Created _____

Registered Username _____
Account # _____
Registered Email Address _____
Password _____
Subscription Fees & Frequency _____
Details & Payment Notes _____
_____
_____

Website:

Company Name _____
Company Phone _____
Date Registered/Account Created _____

Registered Username _____
Account # _____
Registered Email Address _____
Password _____
Subscription Fees & Frequency _____
Details & Payment Notes _____
_____
_____

Website:

Company Name _____
Company Phone _____
Date Registered/Account Created _____

Registered Username _____
Account # _____
Registered Email Address _____
Password _____
Subscription Fees & Frequency _____
Details & Payment Notes _____
_____
_____

Website:

Company Name _____
Company Phone _____
Date Registered/Account Created _____

Registered Username _____
Account # _____
Registered Email Address _____
Password _____
Subscription Fees & Frequency _____
Details & Payment Notes _____
_____
_____

Website:

Company Name _____
Company Phone _____
Date Registered/Account Created _____

Registered Username _____
Account # _____
Registered Email Address _____
Password _____
Subscription Fees & Frequency _____
Details & Payment Notes _____
_____
_____

Website:

Company Name _____
Company Phone _____
Date Registered/Account Created _____

Registered Username _____
Account # _____
Registered Email Address _____
Password _____
Subscription Fees & Frequency _____
Details & Payment Notes _____
_____
_____

Website:

Company Name _____
Company Phone _____
Date Registered/Account Created _____

Registered Username _____
Account # _____
Registered Email Address _____
Password _____
Subscription Fees & Frequency _____
Details & Payment Notes _____
_____
_____

Website:

Company Name _____
Company Phone _____
Date Registered/Account Created _____

Registered Username _____
Account # _____
Registered Email Address _____
Password _____
Subscription Fees & Frequency _____
Details & Payment Notes _____
_____
_____

Website:

Company Name _____
Company Phone _____
Date Registered/Account Created _____

Registered Username _____
Account # _____
Registered Email Address _____
Password _____
Subscription Fees & Frequency _____
Details & Payment Notes _____
_____
_____

Website:

Company Name _____
Company Phone _____
Date Registered/Account Created _____

Registered Username _____
Account # _____
Registered Email Address _____
Password _____
Subscription Fees & Frequency _____
Details & Payment Notes _____
_____
_____

H

Website:

Company Name _____
Company Phone _____
Date Registered/Account Created _____

Registered Username _____
Account # _____
Registered Email Address _____
Password _____
Subscription Fees & Frequency _____
Details & Payment Notes _____
_____
_____

Website:

Company Name _____
Company Phone _____
Date Registered/Account Created _____

Registered Username _____
Account # _____
Registered Email Address _____
Password _____
Subscription Fees & Frequency _____
Details & Payment Notes _____
_____
_____

Website:

Company Name _____
Company Phone _____
Date Registered/Account Created _____

Registered Username _____
Account # _____
Registered Email Address _____
Password _____
Subscription Fees & Frequency _____
Details & Payment Notes _____
_____
_____

Website:

Company Name _____
Company Phone _____
Date Registered/Account Created _____

Registered Username _____
Account # _____
Registered Email Address _____
Password _____
Subscription Fees & Frequency _____
Details & Payment Notes _____
_____
_____

H

Website:

Company Name _____
Company Phone _____
Date Registered/Account Created _____

Registered Username _____
Account # _____
Registered Email Address _____
Password _____
Subscription Fees & Frequency _____
Details & Payment Notes _____
_____
_____

Website:

Company Name _____
Company Phone _____
Date Registered/Account Created _____

Registered Username _____
Account # _____
Registered Email Address _____
Password _____
Subscription Fees & Frequency _____
Details & Payment Notes _____
_____
_____

Website:

Company Name _____
Company Phone _____
Date Registered/Account Created _____

Registered Username _____
Account # _____
Registered Email Address _____
Password _____
Subscription Fees & Frequency _____
Details & Payment Notes _____
_____
_____

Website:

Company Name _____
Company Phone _____
Date Registered/Account Created _____

Registered Username _____
Account # _____
Registered Email Address _____
Password _____
Subscription Fees & Frequency _____
Details & Payment Notes _____
_____
_____

Website:

Company Name _____
Company Phone _____
Date Registered/Account Created _____

Registered Username _____
Account # _____
Registered Email Address _____
Password _____
Subscription Fees & Frequency _____
Details & Payment Notes _____
_____
_____

Website:

Company Name _____
Company Phone _____
Date Registered/Account Created _____

Registered Username _____
Account # _____
Registered Email Address _____
Password _____
Subscription Fees & Frequency _____
Details & Payment Notes _____
_____
_____

Website:

Company Name _____
Company Phone _____
Date Registered/Account Created _____

Registered Username _____
Account # _____
Registered Email Address _____
Password _____
Subscription Fees & Frequency _____
Details & Payment Notes _____
_____
_____

Website:

Company Name _____
Company Phone _____
Date Registered/Account Created _____

Registered Username _____
Account # _____
Registered Email Address _____
Password _____
Subscription Fees & Frequency _____
Details & Payment Notes _____
_____
_____

Website:

Company Name _____
Company Phone _____
Date Registered/Account Created _____

Registered Username _____
Account # _____
Registered Email Address _____
Password _____
Subscription Fees & Frequency _____
Details & Payment Notes _____
_____
_____

Website:

Company Name _____
Company Phone _____
Date Registered/Account Created _____

Registered Username _____
Account # _____
Registered Email Address _____
Password _____
Subscription Fees & Frequency _____
Details & Payment Notes _____
_____
_____

I

Website:

Company Name _____
Company Phone _____
Date Registered/Account Created _____

Registered Username _____
Account # _____
Registered Email Address _____
Password _____
Subscription Fees & Frequency _____
Details & Payment Notes _____
_____
_____

Website:

Company Name _____
Company Phone _____
Date Registered/Account Created _____

Registered Username _____
Account # _____
Registered Email Address _____
Password _____
Subscription Fees & Frequency _____
Details & Payment Notes _____
_____
_____

Website:

Company Name _____
Company Phone _____
Date Registered/Account Created _____

Registered Username _____
Account # _____
Registered Email Address _____
Password _____
Subscription Fees & Frequency _____
Details & Payment Notes _____
_____
_____

Website:

Company Name _____
Company Phone _____
Date Registered/Account Created _____

Registered Username _____
Account # _____
Registered Email Address _____
Password _____
Subscription Fees & Frequency _____
Details & Payment Notes _____
_____
_____

I

Website:

Company Name _____
Company Phone _____
Date Registered/Account Created _____

Registered Username _____
Account # _____
Registered Email Address _____
Password _____
Subscription Fees & Frequency _____
Details & Payment Notes _____
_____
_____

Website:

Company Name _____
Company Phone _____
Date Registered/Account Created _____

Registered Username _____
Account # _____
Registered Email Address _____
Password _____
Subscription Fees & Frequency _____
Details & Payment Notes _____
_____
_____

Website:

Company Name _____
Company Phone _____
Date Registered/Account Created _____

Registered Username _____
Account # _____
Registered Email Address _____
Password _____
Subscription Fees & Frequency _____
Details & Payment Notes _____
_____
_____

I

Website:

Company Name _____
Company Phone _____
Date Registered/Account Created _____

Registered Username _____
Account # _____
Registered Email Address _____
Password _____
Subscription Fees & Frequency _____
Details & Payment Notes _____
_____
_____

I

Website:

Company Name _____
Company Phone _____
Date Registered/Account Created _____

Registered Username _____
Account # _____
Registered Email Address _____
Password _____
Subscription Fees & Frequency _____
Details & Payment Notes _____
_____
_____

Website:

Company Name _____
Company Phone _____
Date Registered/Account Created _____

Registered Username _____
Account # _____
Registered Email Address _____
Password _____
Subscription Fees & Frequency _____
Details & Payment Notes _____
_____
_____

Website:

Company Name _____
Company Phone _____
Date Registered/Account Created _____

Registered Username _____
Account # _____
Registered Email Address _____
Password _____
Subscription Fees & Frequency _____
Details & Payment Notes _____
_____
_____

J

Website:

Company Name _____
Company Phone _____
Date Registered/Account Created _____

Registered Username _____
Account # _____
Registered Email Address _____
Password _____
Subscription Fees & Frequency _____
Details & Payment Notes _____
_____
_____

J

Website:

Company Name _____
Company Phone _____
Date Registered/Account Created _____

Registered Username _____
Account # _____
Registered Email Address _____
Password _____
Subscription Fees & Frequency _____
Details & Payment Notes _____
_____
_____

Website:

Company Name _____
Company Phone _____
Date Registered/Account Created _____

Registered Username _____
Account # _____
Registered Email Address _____
Password _____
Subscription Fees & Frequency _____
Details & Payment Notes _____
_____
_____

Website:

Company Name _____
Company Phone _____
Date Registered/Account Created _____

Registered Username _____
Account # _____
Registered Email Address _____
Password _____
Subscription Fees & Frequency _____
Details & Payment Notes _____
_____
_____

Website:

Company Name _____
Company Phone _____
Date Registered/Account Created _____

Registered Username _____
Account # _____
Registered Email Address _____
Password _____
Subscription Fees & Frequency _____
Details & Payment Notes _____
_____
_____

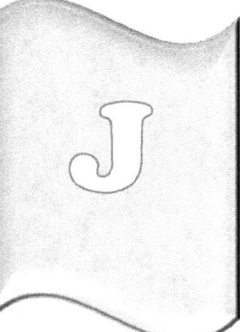

Website:

Company Name _____
Company Phone _____
Date Registered/Account Created _____

Registered Username _____
Account # _____
Registered Email Address _____
Password _____
Subscription Fees & Frequency _____
Details & Payment Notes _____
_____
_____

Website:

Company Name _____
Company Phone _____
Date Registered/Account Created _____

Registered Username _____
Account # _____
Registered Email Address _____
Password _____
Subscription Fees & Frequency _____
Details & Payment Notes _____
_____
_____

Website:

Company Name _____
Company Phone _____
Date Registered/Account Created _____

Registered Username _____
Account # _____
Registered Email Address _____
Password _____
Subscription Fees & Frequency _____
Details & Payment Notes _____
_____
_____

Website:

Company Name _____
Company Phone _____
Date Registered/Account Created _____

Registered Username _____
Account # _____
Registered Email Address _____
Password _____
Subscription Fees & Frequency _____
Details & Payment Notes _____
_____
_____

J

Website:

Company Name _____
Company Phone _____
Date Registered/Account Created _____

Registered Username _____
Account # _____
Registered Email Address _____
Password _____
Subscription Fees & Frequency _____
Details & Payment Notes _____
_____
_____

Website:

Company Name _____
Company Phone _____
Date Registered/Account Created _____

Registered Username _____
Account # _____
Registered Email Address _____
Password _____
Subscription Fees & Frequency _____
Details & Payment Notes _____
_____
_____

Website:

Company Name _____
Company Phone _____
Date Registered/Account Created _____

Registered Username _____
Account # _____
Registered Email Address _____
Password _____
Subscription Fees & Frequency _____
Details & Payment Notes _____
_____
_____

Website:

Company Name _____
Company Phone _____
Date Registered/Account Created _____

Registered Username _____
Account # _____
Registered Email Address _____
Password _____
Subscription Fees & Frequency _____
Details & Payment Notes _____
_____
_____

J

Website:

Company Name _____
Company Phone _____
Date Registered/Account Created _____

Registered Username _____
Account # _____
Registered Email Address _____
Password _____
Subscription Fees & Frequency _____
Details & Payment Notes _____
_____
_____

Website:

Company Name _____
Company Phone _____
Date Registered/Account Created _____

Registered Username _____
Account # _____
Registered Email Address _____
Password _____
Subscription Fees & Frequency _____
Details & Payment Notes _____
_____
_____

Website:

Company Name _____
Company Phone _____
Date Registered/Account Created _____

Registered Username _____
Account # _____
Registered Email Address _____
Password _____
Subscription Fees & Frequency _____
Details & Payment Notes _____
_____
_____

Website:

Company Name _____
Company Phone _____
Date Registered/Account Created _____

Registered Username _____
Account # _____
Registered Email Address _____
Password _____
Subscription Fees & Frequency _____
Details & Payment Notes _____
_____
_____

Website:

Company Name _____
Company Phone _____
Date Registered/Account Created _____

Registered Username _____
Account # _____
Registered Email Address _____
Password _____
Subscription Fees & Frequency _____
Details & Payment Notes _____
_____
_____

Website:

Company Name _____
Company Phone _____
Date Registered/Account Created _____

Registered Username _____
Account # _____
Registered Email Address _____
Password _____
Subscription Fees & Frequency _____
Details & Payment Notes _____
_____
_____

Website:

Company Name _____
Company Phone _____
Date Registered/Account Created _____

Registered Username _____
Account # _____
Registered Email Address _____
Password _____
Subscription Fees & Frequency _____
Details & Payment Notes _____
_____
_____

Website:

Company Name _____
Company Phone _____
Date Registered/Account Created _____

Registered Username _____
Account # _____
Registered Email Address _____
Password _____
Subscription Fees & Frequency _____
Details & Payment Notes _____
_____
_____

Website:

Company Name _____
Company Phone _____
Date Registered/Account Created _____

Registered Username _____
Account # _____
Registered Email Address _____
Password _____
Subscription Fees & Frequency _____
Details & Payment Notes _____
_____
_____

Website:

Company Name _____
Company Phone _____
Date Registered/Account Created _____

Registered Username _____
Account # _____
Registered Email Address _____
Password _____
Subscription Fees & Frequency _____
Details & Payment Notes _____
_____
_____

Website:

Company Name _____
Company Phone _____
Date Registered/Account Created _____

Registered Username _____
Account # _____
Registered Email Address _____
Password _____
Subscription Fees & Frequency _____
Details & Payment Notes _____
_____
_____

Website:

Company Name _____
Company Phone _____
Date Registered/Account Created _____

Registered Username _____
Account # _____
Registered Email Address _____
Password _____
Subscription Fees & Frequency _____
Details & Payment Notes _____
_____
_____

K

Website:

Company Name _____
Company Phone _____
Date Registered/Account Created _____

Registered Username _____
Account # _____
Registered Email Address _____
Password _____
Subscription Fees & Frequency _____
Details & Payment Notes _____
_____
_____

Website:

Company Name _____
Company Phone _____
Date Registered/Account Created _____

Registered Username _____
Account # _____
Registered Email Address _____
Password _____
Subscription Fees & Frequency _____
Details & Payment Notes _____
_____
_____

Website:

Company Name _____
Company Phone _____
Date Registered/Account Created _____

Registered Username _____
Account # _____
Registered Email Address _____
Password _____
Subscription Fees & Frequency _____
Details & Payment Notes _____
_____
_____

Website:

Company Name _____
Company Phone _____
Date Registered/Account Created _____

Registered Username _____
Account # _____
Registered Email Address _____
Password _____
Subscription Fees & Frequency _____
Details & Payment Notes _____
_____
_____

Website:

Company Name _____
Company Phone _____
Date Registered/Account Created _____

Registered Username _____
Account # _____
Registered Email Address _____
Password _____
Subscription Fees & Frequency _____
Details & Payment Notes _____
_____
_____

Website:

Company Name _____
Company Phone _____
Date Registered/Account Created _____

Registered Username _____
Account # _____
Registered Email Address _____
Password _____
Subscription Fees & Frequency _____
Details & Payment Notes _____
_____
_____

Website:

Company Name _____
Company Phone _____
Date Registered/Account Created _____

Registered Username _____
Account # _____
Registered Email Address _____
Password _____
Subscription Fees & Frequency _____
Details & Payment Notes _____
_____
_____

Website:

Company Name _____
Company Phone _____
Date Registered/Account Created _____

Registered Username _____
Account # _____
Registered Email Address _____
Password _____
Subscription Fees & Frequency _____
Details & Payment Notes _____
_____
_____

Website:

Company Name _____
Company Phone _____
Date Registered/Account Created _____

Registered Username _____
Account # _____
Registered Email Address _____
Password _____
Subscription Fees & Frequency _____
Details & Payment Notes _____
_____
_____

L

Website:

Company Name _____
Company Phone _____
Date Registered/Account Created _____

Registered Username _____
Account # _____
Registered Email Address _____
Password _____
Subscription Fees & Frequency _____
Details & Payment Notes _____
_____
_____

Website:

Company Name _____
Company Phone _____
Date Registered/Account Created _____

Registered Username _____
Account # _____
Registered Email Address _____
Password _____
Subscription Fees & Frequency _____
Details & Payment Notes _____
_____
_____

Website:

Company Name _____
Company Phone _____
Date Registered/Account Created _____

Registered Username _____
Account # _____
Registered Email Address _____
Password _____
Subscription Fees & Frequency _____
Details & Payment Notes _____
_____
_____

Website:

Company Name _____
Company Phone _____
Date Registered/Account Created _____

Registered Username _____
Account # _____
Registered Email Address _____
Password _____
Subscription Fees & Frequency _____
Details & Payment Notes _____
_____
_____

Website:

Company Name _____
Company Phone _____
Date Registered/Account Created _____

Registered Username _____
Account # _____
Registered Email Address _____
Password _____
Subscription Fees & Frequency _____
Details & Payment Notes _____
_____
_____

Website:

Company Name _____
Company Phone _____
Date Registered/Account Created _____

Registered Username _____
Account # _____
Registered Email Address _____
Password _____
Subscription Fees & Frequency _____
Details & Payment Notes _____
_____
_____

Website:

Company Name _____
Company Phone _____
Date Registered/Account Created _____

Registered Username _____
Account # _____
Registered Email Address _____
Password _____
Subscription Fees & Frequency _____
Details & Payment Notes _____
_____
_____

Website:

Company Name _____
Company Phone _____
Date Registered/Account Created _____

Registered Username _____
Account # _____
Registered Email Address _____
Password _____
Subscription Fees & Frequency _____
Details & Payment Notes _____
_____
_____

Website:

Company Name _____
Company Phone _____
Date Registered/Account Created _____

Registered Username _____
Account # _____
Registered Email Address _____
Password _____
Subscription Fees & Frequency _____
Details & Payment Notes _____
_____
_____

Website:

Company Name _____
Company Phone _____
Date Registered/Account Created _____

Registered Username _____
Account # _____
Registered Email Address _____
Password _____
Subscription Fees & Frequency _____
Details & Payment Notes _____
_____
_____

Website:

Company Name _____
Company Phone _____
Date Registered/Account Created _____

Registered Username _____
Account # _____
Registered Email Address _____
Password _____
Subscription Fees & Frequency _____
Details & Payment Notes _____
_____
_____

Website:

Company Name _____
Company Phone _____
Date Registered/Account Created _____

Registered Username _____
Account # _____
Registered Email Address _____
Password _____
Subscription Fees & Frequency _____
Details & Payment Notes _____
_____
_____

Website:

Company Name _____
Company Phone _____
Date Registered/Account Created _____

Registered Username _____
Account # _____
Registered Email Address _____
Password _____
Subscription Fees & Frequency _____
Details & Payment Notes _____
_____
_____

Website:

Company Name _____
Company Phone _____
Date Registered/Account Created _____

Registered Username _____
Account # _____
Registered Email Address _____
Password _____
Subscription Fees & Frequency _____
Details & Payment Notes _____
_____
_____

Website:

Company Name _____
Company Phone _____
Date Registered/Account Created _____

Registered Username _____
Account # _____
Registered Email Address _____
Password _____
Subscription Fees & Frequency _____
Details & Payment Notes _____
_____
_____

Website:

Company Name _____
Company Phone _____
Date Registered/Account Created _____

Registered Username _____
Account # _____
Registered Email Address _____
Password _____
Subscription Fees & Frequency _____
Details & Payment Notes _____
_____
_____

Website:

Company Name _____
Company Phone _____
Date Registered/Account Created _____

Registered Username _____
Account # _____
Registered Email Address _____
Password _____
Subscription Fees & Frequency _____
Details & Payment Notes _____
_____
_____

Website:

Company Name _____
Company Phone _____
Date Registered/Account Created _____

Registered Username _____
Account # _____
Registered Email Address _____
Password _____
Subscription Fees & Frequency _____
Details & Payment Notes _____
_____
_____

Website:

Company Name _____
Company Phone _____
Date Registered/Account Created _____

Registered Username _____
Account # _____
Registered Email Address _____
Password _____
Subscription Fees & Frequency _____
Details & Payment Notes _____
_____
_____

Website:

Company Name _____
Company Phone _____
Date Registered/Account Created _____

Registered Username _____
Account # _____
Registered Email Address _____
Password _____
Subscription Fees & Frequency _____
Details & Payment Notes _____
_____
_____

Website:

Company Name _____
Company Phone _____
Date Registered/Account Created _____

Registered Username _____
Account # _____
Registered Email Address _____
Password _____
Subscription Fees & Frequency _____
Details & Payment Notes _____
_____
_____

Website:

Company Name _____
Company Phone _____
Date Registered/Account Created _____

Registered Username _____
Account # _____
Registered Email Address _____
Password _____
Subscription Fees & Frequency _____
Details & Payment Notes _____
_____
_____

Website:

Company Name _____
Company Phone _____
Date Registered/Account Created _____

Registered Username _____
Account # _____
Registered Email Address _____
Password _____
Subscription Fees & Frequency _____
Details & Payment Notes _____
_____
_____

Website:

Company Name _____
Company Phone _____
Date Registered/Account Created _____

Registered Username _____
Account # _____
Registered Email Address _____
Password _____
Subscription Fees & Frequency _____
Details & Payment Notes _____
_____
_____

Website:

Company Name _____
Company Phone _____
Date Registered/Account Created _____

Registered Username _____
Account # _____
Registered Email Address _____
Password _____
Subscription Fees & Frequency _____
Details & Payment Notes _____
_____
_____

Website:

Company Name _____
Company Phone _____
Date Registered/Account Created _____

Registered Username _____
Account # _____
Registered Email Address _____
Password _____
Subscription Fees & Frequency _____
Details & Payment Notes _____
_____
_____

Website:

Company Name _____
Company Phone _____
Date Registered/Account Created _____

Registered Username _____
Account # _____
Registered Email Address _____
Password _____
Subscription Fees & Frequency _____
Details & Payment Notes _____
_____
_____

Website:

Company Name _____
Company Phone _____
Date Registered/Account Created _____

Registered Username _____
Account # _____
Registered Email Address _____
Password _____
Subscription Fees & Frequency _____
Details & Payment Notes _____
_____
_____

Website:

Company Name _____
Company Phone _____
Date Registered/Account Created _____

Registered Username _____
Account # _____
Registered Email Address _____
Password _____
Subscription Fees & Frequency _____
Details & Payment Notes _____
_____
_____

Website:

Company Name _____
Company Phone _____
Date Registered/Account Created _____

Registered Username _____
Account # _____
Registered Email Address _____
Password _____
Subscription Fees & Frequency _____
Details & Payment Notes _____
_____
_____

Website:

Company Name _____
Company Phone _____
Date Registered/Account Created _____

Registered Username _____
Account # _____
Registered Email Address _____
Password _____
Subscription Fees & Frequency _____
Details & Payment Notes _____
_____
_____

Website:

Company Name _____
Company Phone _____
Date Registered/Account Created _____

Registered Username _____
Account # _____
Registered Email Address _____
Password _____
Subscription Fees & Frequency _____
Details & Payment Notes _____
_____
_____

Website:

Company Name _____
Company Phone _____
Date Registered/Account Created _____

Registered Username _____
Account # _____
Registered Email Address _____
Password _____
Subscription Fees & Frequency _____
Details & Payment Notes _____
_____
_____

Website:

Company Name _____
Company Phone _____
Date Registered/Account Created _____

Registered Username _____
Account # _____
Registered Email Address _____
Password _____
Subscription Fees & Frequency _____
Details & Payment Notes _____
_____
_____

Website:

Company Name _____
Company Phone _____
Date Registered/Account Created _____

Registered Username _____
Account # _____
Registered Email Address _____
Password _____
Subscription Fees & Frequency _____
Details & Payment Notes _____
_____
_____

Website:

Company Name _____
Company Phone _____
Date Registered/Account Created _____

Registered Username _____
Account # _____
Registered Email Address _____
Password _____
Subscription Fees & Frequency _____
Details & Payment Notes _____
_____
_____

Website:

Company Name _____
Company Phone _____
Date Registered/Account Created _____

Registered Username _____
Account # _____
Registered Email Address _____
Password _____
Subscription Fees & Frequency _____
Details & Payment Notes _____
_____
_____

Website:

Company Name _____
Company Phone _____
Date Registered/Account Created _____

Registered Username _____
Account # _____
Registered Email Address _____
Password _____
Subscription Fees & Frequency _____
Details & Payment Notes _____
_____
_____

Website:

Company Name _____
Company Phone _____
Date Registered/Account Created _____

Registered Username _____
Account # _____
Registered Email Address _____
Password _____
Subscription Fees & Frequency _____
Details & Payment Notes _____
_____
_____

Website:

Company Name _____
Company Phone _____
Date Registered/Account Created _____

Registered Username _____
Account # _____
Registered Email Address _____
Password _____
Subscription Fees & Frequency _____
Details & Payment Notes _____
_____
_____

Website:

Company Name _____
Company Phone _____
Date Registered/Account Created _____

Registered Username _____
Account # _____
Registered Email Address _____
Password _____
Subscription Fees & Frequency _____
Details & Payment Notes _____
_____
_____

Website:

Company Name _____
Company Phone _____
Date Registered/Account Created _____

Registered Username _____
Account # _____
Registered Email Address _____
Password _____
Subscription Fees & Frequency _____
Details & Payment Notes _____
_____
_____

Website:

Company Name _____
Company Phone _____
Date Registered/Account Created _____

Registered Username _____
Account # _____
Registered Email Address _____
Password _____
Subscription Fees & Frequency _____
Details & Payment Notes _____
_____
_____

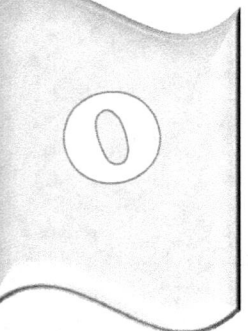

Website:

Company Name _____
Company Phone _____
Date Registered/Account Created _____

Registered Username _____
Account # _____
Registered Email Address _____
Password _____
Subscription Fees & Frequency _____
Details & Payment Notes _____
_____
_____

Website:

Company Name _____
Company Phone _____
Date Registered/Account Created _____

Registered Username _____
Account # _____
Registered Email Address _____
Password _____
Subscription Fees & Frequency _____
Details & Payment Notes _____
_____
_____

Website:

Company Name _____
Company Phone _____
Date Registered/Account Created _____

Registered Username _____
Account # _____
Registered Email Address _____
Password _____
Subscription Fees & Frequency _____
Details & Payment Notes _____
_____
_____

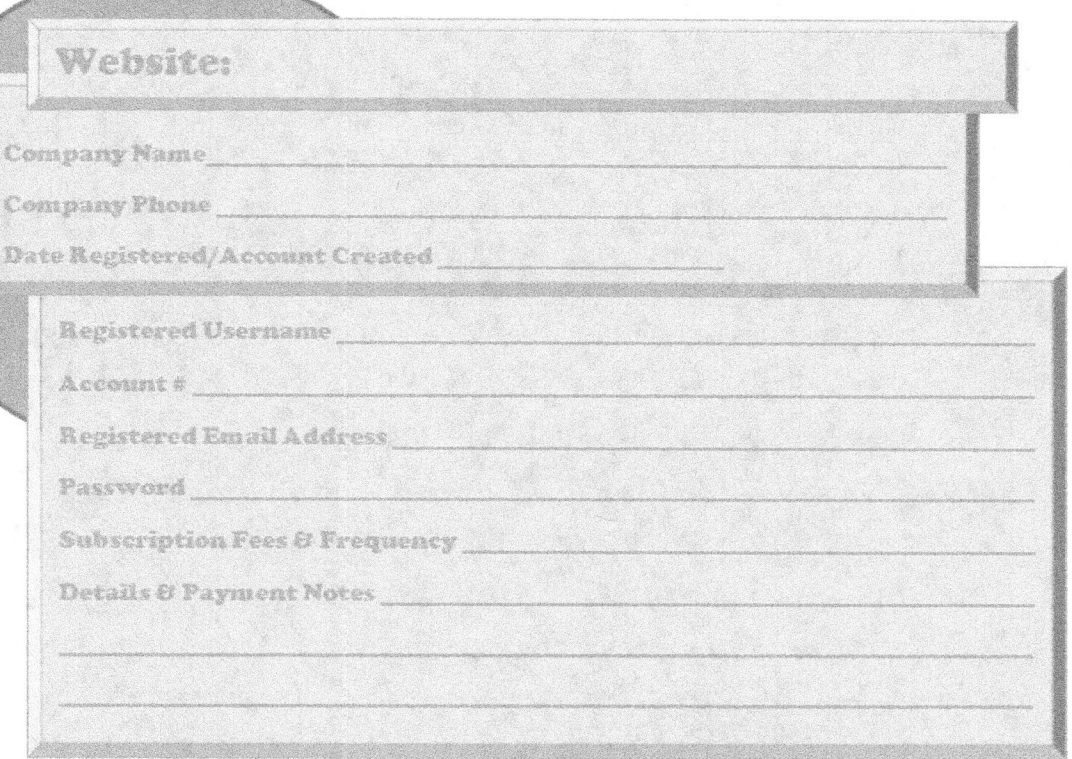

Website:

Company Name _____
Company Phone _____
Date Registered/Account Created _____

Registered Username _____
Account # _____
Registered Email Address _____
Password _____
Subscription Fees & Frequency _____
Details & Payment Notes _____
_____
_____

Website:

Company Name
Company Phone
Date Registered/Account Created

Registered Username
Account #
Registered Email Address
Password
Subscription Fees & Frequency
Details & Payment Notes

Website:

Company Name
Company Phone
Date Registered/Account Created

Registered Username
Account #
Registered Email Address
Password
Subscription Fees & Frequency
Details & Payment Notes

Website:

Company Name _____
Company Phone _____
Date Registered/Account Created _____

Registered Username _____
Account # _____
Registered Email Address _____
Password _____
Subscription Fees & Frequency _____
Details & Payment Notes _____
_____
_____

Website:

Company Name _____
Company Phone _____
Date Registered/Account Created _____

Registered Username _____
Account # _____
Registered Email Address _____
Password _____
Subscription Fees & Frequency _____
Details & Payment Notes _____
_____
_____

Website:

Company Name _____
Company Phone _____
Date Registered/Account Created _____

Registered Username _____
Account # _____
Registered Email Address _____
Password _____
Subscription Fees & Frequency _____
Details & Payment Notes _____
_____
_____

Website:

Company Name _____
Company Phone _____
Date Registered/Account Created _____

Registered Username _____
Account # _____
Registered Email Address _____
Password _____
Subscription Fees & Frequency _____
Details & Payment Notes _____
_____
_____

Website:

Company Name _____
Company Phone _____
Date Registered/Account Created _____

Registered Username _____
Account # _____
Registered Email Address _____
Password _____
Subscription Fees & Frequency _____
Details & Payment Notes _____
_____
_____

Website:

Company Name _____
Company Phone _____
Date Registered/Account Created _____

Registered Username _____
Account # _____
Registered Email Address _____
Password _____
Subscription Fees & Frequency _____
Details & Payment Notes _____
_____
_____

P

Website:

Company Name
Company Phone
Date Registered/Account Created

Registered Username
Account #
Registered Email Address
Password
Subscription Fees & Frequency
Details & Payment Notes

Website:

Company Name
Company Phone
Date Registered/Account Created

Registered Username
Account #
Registered Email Address
Password
Subscription Fees & Frequency
Details & Payment Notes

Website:

Company Name _____
Company Phone _____
Date Registered/Account Created _____

Registered Username _____
Account # _____
Registered Email Address _____
Password _____
Subscription Fees & Frequency _____
Details & Payment Notes _____
_____
_____

Website:

Company Name _____
Company Phone _____
Date Registered/Account Created _____

Registered Username _____
Account # _____
Registered Email Address _____
Password _____
Subscription Fees & Frequency _____
Details & Payment Notes _____
_____
_____

P

Website:

Company Name
Company Phone
Date Registered/Account Created

Registered Username
Account #
Registered Email Address
Password
Subscription Fees & Frequency
Details & Payment Notes

Website:

Company Name
Company Phone
Date Registered/Account Created

Registered Username
Account #
Registered Email Address
Password
Subscription Fees & Frequency
Details & Payment Notes

Website:

Company Name _____
Company Phone _____
Date Registered/Account Created _____

Registered Username _____
Account # _____
Registered Email Address _____
Password _____
Subscription Fees & Frequency _____
Details & Payment Notes _____
_____
_____

Website:

Company Name _____
Company Phone _____
Date Registered/Account Created _____

Registered Username _____
Account # _____
Registered Email Address _____
Password _____
Subscription Fees & Frequency _____
Details & Payment Notes _____
_____
_____

Website:

Company Name _____
Company Phone _____
Date Registered/Account Created _____

Registered Username _____
Account # _____
Registered Email Address _____
Password _____
Subscription Fees & Frequency _____
Details & Payment Notes _____
_____
_____

Website:

Company Name _____
Company Phone _____
Date Registered/Account Created _____

Registered Username _____
Account # _____
Registered Email Address _____
Password _____
Subscription Fees & Frequency _____
Details & Payment Notes _____
_____
_____

Website:

Company Name _____
Company Phone _____
Date Registered/Account Created _____

Registered Username _____
Account # _____
Registered Email Address _____
Password _____
Subscription Fees & Frequency _____
Details & Payment Notes _____
_____
_____

Website:

Company Name _____
Company Phone _____
Date Registered/Account Created _____

Registered Username _____
Account # _____
Registered Email Address _____
Password _____
Subscription Fees & Frequency _____
Details & Payment Notes _____
_____
_____

Website:

Company Name _____
Company Phone _____
Date Registered/Account Created _____

Registered Username _____
Account # _____
Registered Email Address _____
Password _____
Subscription Fees & Frequency _____
Details & Payment Notes _____
_____
_____

Website:

Company Name _____
Company Phone _____
Date Registered/Account Created _____

Registered Username _____
Account # _____
Registered Email Address _____
Password _____
Subscription Fees & Frequency _____
Details & Payment Notes _____
_____
_____

Website:

Company Name _____
Company Phone _____
Date Registered/Account Created _____

Registered Username _____
Account # _____
Registered Email Address _____
Password _____
Subscription Fees & Frequency _____
Details & Payment Notes _____
_____
_____

Website:

Company Name _____
Company Phone _____
Date Registered/Account Created _____

Registered Username _____
Account # _____
Registered Email Address _____
Password _____
Subscription Fees & Frequency _____
Details & Payment Notes _____
_____
_____

Website:

Company Name _____
Company Phone _____
Date Registered/Account Created _____

Registered Username _____
Account # _____
Registered Email Address _____
Password _____
Subscription Fees & Frequency _____
Details & Payment Notes _____
_____
_____

Website:

Company Name _____
Company Phone _____
Date Registered/Account Created _____

Registered Username _____
Account # _____
Registered Email Address _____
Password _____
Subscription Fees & Frequency _____
Details & Payment Notes _____
_____
_____

Website:

Company Name _____
Company Phone _____
Date Registered/Account Created _____

Registered Username _____
Account # _____
Registered Email Address _____
Password _____
Subscription Fees & Frequency _____
Details & Payment Notes _____
_____
_____

Website:

Company Name _____
Company Phone _____
Date Registered/Account Created _____

Registered Username _____
Account # _____
Registered Email Address _____
Password _____
Subscription Fees & Frequency _____
Details & Payment Notes _____
_____
_____

Website:

Company Name _____
Company Phone _____
Date Registered/Account Created _____

Registered Username _____
Account # _____
Registered Email Address _____
Password _____
Subscription Fees & Frequency _____
Details & Payment Notes _____
_____
_____

Website:

Company Name _____
Company Phone _____
Date Registered/Account Created _____

Registered Username _____
Account # _____
Registered Email Address _____
Password _____
Subscription Fees & Frequency _____
Details & Payment Notes _____
_____
_____

Website:

Company Name _____
Company Phone _____
Date Registered/Account Created _____

Registered Username _____
Account # _____
Registered Email Address _____
Password _____
Subscription Fees & Frequency _____
Details & Payment Notes _____
_____
_____

Website:

Company Name _____
Company Phone _____
Date Registered/Account Created _____

Registered Username _____
Account # _____
Registered Email Address _____
Password _____
Subscription Fees & Frequency _____
Details & Payment Notes _____
_____
_____

Q

Website:

Company Name _____
Company Phone _____
Date Registered/Account Created _____

Registered Username _____
Account # _____
Registered Email Address _____
Password _____
Subscription Fees & Frequency _____
Details & Payment Notes _____
_____
_____

Website:

Company Name _____
Company Phone _____
Date Registered/Account Created _____

Registered Username _____
Account # _____
Registered Email Address _____
Password _____
Subscription Fees & Frequency _____
Details & Payment Notes _____
_____
_____

Website:

Company Name _____
Company Phone _____
Date Registered/Account Created _____

Registered Username _____
Account # _____
Registered Email Address _____
Password _____
Subscription Fees & Frequency _____
Details & Payment Notes _____
_____
_____

Website:

Company Name _____
Company Phone _____
Date Registered/Account Created _____

Registered Username _____
Account # _____
Registered Email Address _____
Password _____
Subscription Fees & Frequency _____
Details & Payment Notes _____
_____
_____

R

Website:

Company Name _____
Company Phone _____
Date Registered/Account Created _____

Registered Username _____
Account # _____
Registered Email Address _____
Password _____
Subscription Fees & Frequency _____
Details & Payment Notes _____
_____
_____

Website:

Company Name _____
Company Phone _____
Date Registered/Account Created _____

Registered Username _____
Account # _____
Registered Email Address _____
Password _____
Subscription Fees & Frequency _____
Details & Payment Notes _____
_____
_____

Website:

Company Name _____
Company Phone _____
Date Registered/Account Created _____

Registered Username _____
Account # _____
Registered Email Address _____
Password _____
Subscription Fees & Frequency _____
Details & Payment Notes _____
_____
_____

Website:

Company Name _____
Company Phone _____
Date Registered/Account Created _____

Registered Username _____
Account # _____
Registered Email Address _____
Password _____
Subscription Fees & Frequency _____
Details & Payment Notes _____
_____
_____

R

Website:

Company Name _____
Company Phone _____
Date Registered/Account Created _____

Registered Username _____
Account # _____
Registered Email Address _____
Password _____
Subscription Fees & Frequency _____
Details & Payment Notes _____
_____
_____

Website:

Company Name _____
Company Phone _____
Date Registered/Account Created _____

Registered Username _____
Account # _____
Registered Email Address _____
Password _____
Subscription Fees & Frequency _____
Details & Payment Notes _____
_____
_____

Website:

Company Name _____
Company Phone _____
Date Registered/Account Created _____

Registered Username _____
Account # _____
Registered Email Address _____
Password _____
Subscription Fees & Frequency _____
Details & Payment Notes _____
_____
_____

Website:

Company Name _____
Company Phone _____
Date Registered/Account Created _____

Registered Username _____
Account # _____
Registered Email Address _____
Password _____
Subscription Fees & Frequency _____
Details & Payment Notes _____
_____
_____

Website:

Company Name _____
Company Phone _____
Date Registered/Account Created _____

Registered Username _____
Account # _____
Registered Email Address _____
Password _____
Subscription Fees & Frequency _____
Details & Payment Notes _____
_____
_____

Website:

Company Name _____
Company Phone _____
Date Registered/Account Created _____

Registered Username _____
Account # _____
Registered Email Address _____
Password _____
Subscription Fees & Frequency _____
Details & Payment Notes _____
_____
_____

Website:

Company Name _____
Company Phone _____
Date Registered/Account Created _____

Registered Username _____
Account # _____
Registered Email Address _____
Password _____
Subscription Fees & Frequency _____
Details & Payment Notes _____
_____
_____

Website:

Company Name _____
Company Phone _____
Date Registered/Account Created _____

Registered Username _____
Account # _____
Registered Email Address _____
Password _____
Subscription Fees & Frequency _____
Details & Payment Notes _____
_____
_____

Website:

Company Name _____
Company Phone _____
Date Registered/Account Created _____

Registered Username _____
Account # _____
Registered Email Address _____
Password _____
Subscription Fees & Frequency _____
Details & Payment Notes _____
_____
_____

Website:

Company Name _____
Company Phone _____
Date Registered/Account Created _____

Registered Username _____
Account # _____
Registered Email Address _____
Password _____
Subscription Fees & Frequency _____
Details & Payment Notes _____
_____
_____

Website:

Company Name _____
Company Phone _____
Date Registered/Account Created _____

Registered Username _____
Account # _____
Registered Email Address _____
Password _____
Subscription Fees & Frequency _____
Details & Payment Notes _____
_____
_____

Website:

Company Name _____
Company Phone _____
Date Registered/Account Created _____

Registered Username _____
Account # _____
Registered Email Address _____
Password _____
Subscription Fees & Frequency _____
Details & Payment Notes _____
_____
_____

S

Website:

Company Name _____
Company Phone _____
Date Registered/Account Created _____

Registered Username _____
Account # _____
Registered Email Address _____
Password _____
Subscription Fees & Frequency _____
Details & Payment Notes _____
_____
_____

Website:

Company Name _____
Company Phone _____
Date Registered/Account Created _____

Registered Username _____
Account # _____
Registered Email Address _____
Password _____
Subscription Fees & Frequency _____
Details & Payment Notes _____
_____
_____

Website:

Company Name _____
Company Phone _____
Date Registered/Account Created _____

Registered Username _____
Account # _____
Registered Email Address _____
Password _____
Subscription Fees & Frequency _____
Details & Payment Notes _____
_____
_____

Website:

Company Name _____
Company Phone _____
Date Registered/Account Created _____

Registered Username _____
Account # _____
Registered Email Address _____
Password _____
Subscription Fees & Frequency _____
Details & Payment Notes _____
_____
_____

S

Website:

Company Name _____
Company Phone _____
Date Registered/Account Created _____

Registered Username _____
Account # _____
Registered Email Address _____
Password _____
Subscription Fees & Frequency _____
Details & Payment Notes _____
_____
_____

Website:

Company Name _____
Company Phone _____
Date Registered/Account Created _____

Registered Username _____
Account # _____
Registered Email Address _____
Password _____
Subscription Fees & Frequency _____
Details & Payment Notes _____
_____
_____

Website:

Company Name _____
Company Phone _____
Date Registered/Account Created _____

Registered Username _____
Account # _____
Registered Email Address _____
Password _____
Subscription Fees & Frequency _____
Details & Payment Notes _____
_____
_____

Website:

Company Name _____
Company Phone _____
Date Registered/Account Created _____

Registered Username _____
Account # _____
Registered Email Address _____
Password _____
Subscription Fees & Frequency _____
Details & Payment Notes _____
_____
_____

Website:

Company Name _____
Company Phone _____
Date Registered/Account Created _____

Registered Username _____
Account # _____
Registered Email Address _____
Password _____
Subscription Fees & Frequency _____
Details & Payment Notes _____
_____
_____

S

Website:

Company Name _____
Company Phone _____
Date Registered/Account Created _____

Registered Username _____
Account # _____
Registered Email Address _____
Password _____
Subscription Fees & Frequency _____
Details & Payment Notes _____
_____
_____

Website:

Company Name _____
Company Phone _____
Date Registered/Account Created _____

Registered Username _____
Account # _____
Registered Email Address _____
Password _____
Subscription Fees & Frequency _____
Details & Payment Notes _____
_____
_____

Website:

Company Name _____
Company Phone _____
Date Registered/Account Created _____

Registered Username _____
Account # _____
Registered Email Address _____
Password _____
Subscription Fees & Frequency _____
Details & Payment Notes _____
_____
_____

S

Website:

Company Name _____
Company Phone _____
Date Registered/Account Created _____

Registered Username _____
Account # _____
Registered Email Address _____
Password _____
Subscription Fees & Frequency _____
Details & Payment Notes _____
_____
_____

Website:

Company Name _____
Company Phone _____
Date Registered/Account Created _____

Registered Username _____
Account # _____
Registered Email Address _____
Password _____
Subscription Fees & Frequency _____
Details & Payment Notes _____
_____
_____

Website:

Company Name _____
Company Phone _____
Date Registered/Account Created _____

Registered Username _____
Account # _____
Registered Email Address _____
Password _____
Subscription Fees & Frequency _____
Details & Payment Notes _____
_____
_____

Website:

Company Name _____
Company Phone _____
Date Registered/Account Created _____

Registered Username _____
Account # _____
Registered Email Address _____
Password _____
Subscription Fees & Frequency _____
Details & Payment Notes _____
_____
_____

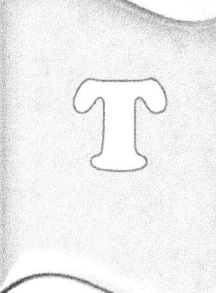

Website:

Company Name _____
Company Phone _____
Date Registered/Account Created _____

Registered Username _____
Account # _____
Registered Email Address _____
Password _____
Subscription Fees & Frequency _____
Details & Payment Notes _____
_____
_____

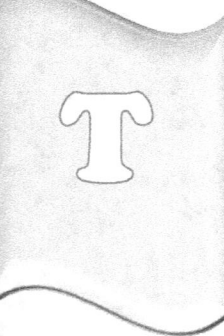

Website:

Company Name _____
Company Phone _____
Date Registered/Account Created _____

Registered Username _____
Account # _____
Registered Email Address _____
Password _____
Subscription Fees & Frequency _____
Details & Payment Notes _____
_____
_____

Website:

Company Name _____
Company Phone _____
Date Registered/Account Created _____

Registered Username _____
Account # _____
Registered Email Address _____
Password _____
Subscription Fees & Frequency _____
Details & Payment Notes _____
_____
_____

Website:

Company Name _____
Company Phone _____
Date Registered/Account Created _____

Registered Username _____
Account # _____
Registered Email Address _____
Password _____
Subscription Fees & Frequency _____
Details & Payment Notes _____
_____
_____

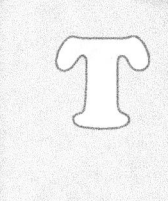

Website:

Company Name _____
Company Phone _____
Date Registered/Account Created _____

Registered Username _____
Account # _____
Registered Email Address _____
Password _____
Subscription Fees & Frequency _____
Details & Payment Notes _____
_____
_____

Website:

Company Name _____
Company Phone _____
Date Registered/Account Created _____

Registered Username _____
Account # _____
Registered Email Address _____
Password _____
Subscription Fees & Frequency _____
Details & Payment Notes _____
_____
_____

Website:

Company Name _____
Company Phone _____
Date Registered/Account Created _____

Registered Username _____
Account # _____
Registered Email Address _____
Password _____
Subscription Fees & Frequency _____
Details & Payment Notes _____
_____
_____

Website:

Company Name _____
Company Phone _____
Date Registered/Account Created _____

Registered Username _____
Account # _____
Registered Email Address _____
Password _____
Subscription Fees & Frequency _____
Details & Payment Notes _____
_____
_____

Website:

Company Name _____
Company Phone _____
Date Registered/Account Created _____

Registered Username _____
Account # _____
Registered Email Address _____
Password _____
Subscription Fees & Frequency _____
Details & Payment Notes _____
_____
_____

Website:

Company Name _____
Company Phone _____
Date Registered/Account Created _____

Registered Username _____
Account # _____
Registered Email Address _____
Password _____
Subscription Fees & Frequency _____
Details & Payment Notes _____
_____
_____

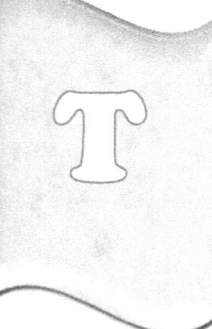

Website:

Company Name _____
Company Phone _____
Date Registered/Account Created _____

Registered Username _____
Account # _____
Registered Email Address _____
Password _____
Subscription Fees & Frequency _____
Details & Payment Notes _____
_____
_____

Website:

Company Name _____
Company Phone _____
Date Registered/Account Created _____

Registered Username _____
Account # _____
Registered Email Address _____
Password _____
Subscription Fees & Frequency _____
Details & Payment Notes _____
_____
_____

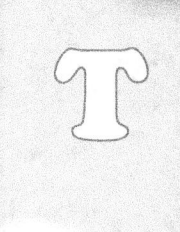

Website:

Company Name _____
Company Phone _____
Date Registered/Account Created _____

Registered Username _____
Account # _____
Registered Email Address _____
Password _____
Subscription Fees & Frequency _____
Details & Payment Notes _____
_____
_____

Website:

Company Name _____
Company Phone _____
Date Registered/Account Created _____

Registered Username _____
Account # _____
Registered Email Address _____
Password _____
Subscription Fees & Frequency _____
Details & Payment Notes _____
_____
_____

Website:

Company Name _____
Company Phone _____
Date Registered/Account Created _____

Registered Username _____
Account # _____
Registered Email Address _____
Password _____
Subscription Fees & Frequency _____
Details & Payment Notes _____
_____
_____

Website:

Company Name _____
Company Phone _____
Date Registered/Account Created _____

Registered Username _____
Account # _____
Registered Email Address _____
Password _____
Subscription Fees & Frequency _____
Details & Payment Notes _____
_____
_____

Website:

Company Name _____
Company Phone _____
Date Registered/Account Created _____

Registered Username _____
Account # _____
Registered Email Address _____
Password _____
Subscription Fees & Frequency _____
Details & Payment Notes _____
_____
_____

Website:

Company Name _____
Company Phone _____
Date Registered/Account Created _____

Registered Username _____
Account # _____
Registered Email Address _____
Password _____
Subscription Fees & Frequency _____
Details & Payment Notes _____
_____
_____

Website:

Company Name _____
Company Phone _____
Date Registered/Account Created _____

Registered Username _____
Account # _____
Registered Email Address _____
Password _____
Subscription Fees & Frequency _____
Details & Payment Notes _____
_____
_____

Website:

Company Name _____
Company Phone _____
Date Registered/Account Created _____

Registered Username _____
Account # _____
Registered Email Address _____
Password _____
Subscription Fees & Frequency _____
Details & Payment Notes _____
_____
_____

Website:

Company Name _____
Company Phone _____
Date Registered/Account Created _____

Registered Username _____
Account # _____
Registered Email Address _____
Password _____
Subscription Fees & Frequency _____
Details & Payment Notes _____
_____
_____

Website:

Company Name _____
Company Phone _____
Date Registered/Account Created _____

Registered Username _____
Account # _____
Registered Email Address _____
Password _____
Subscription Fees & Frequency _____
Details & Payment Notes _____
_____
_____

Website:

Company Name _____
Company Phone _____
Date Registered/Account Created _____

Registered Username _____
Account # _____
Registered Email Address _____
Password _____
Subscription Fees & Frequency _____
Details & Payment Notes _____
_____
_____

Website:

Company Name _____
Company Phone _____
Date Registered/Account Created _____

Registered Username _____
Account # _____
Registered Email Address _____
Password _____
Subscription Fees & Frequency _____
Details & Payment Notes _____
_____
_____

Website:

Company Name _____
Company Phone _____
Date Registered/Account Created _____

Registered Username _____
Account # _____
Registered Email Address _____
Password _____
Subscription Fees & Frequency _____
Details & Payment Notes _____
_____
_____

Website:

Company Name _____
Company Phone _____
Date Registered/Account Created _____

Registered Username _____
Account # _____
Registered Email Address _____
Password _____
Subscription Fees & Frequency _____
Details & Payment Notes _____
_____
_____

Website:

Company Name _____
Company Phone _____
Date Registered/Account Created _____

Registered Username _____
Account # _____
Registered Email Address _____
Password _____
Subscription Fees & Frequency _____
Details & Payment Notes _____
_____
_____

Website:

Company Name _____
Company Phone _____
Date Registered/Account Created _____

Registered Username _____
Account # _____
Registered Email Address _____
Password _____
Subscription Fees & Frequency _____
Details & Payment Notes _____
_____
_____

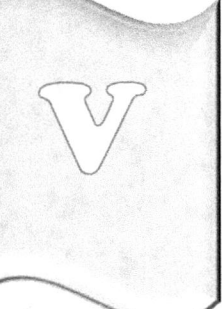

Website:

Company Name _____
Company Phone _____
Date Registered/Account Created _____

Registered Username _____
Account # _____
Registered Email Address _____
Password _____
Subscription Fees & Frequency _____
Details & Payment Notes _____
_____
_____

Website:

Company Name _____
Company Phone _____
Date Registered/Account Created _____

Registered Username _____
Account # _____
Registered Email Address _____
Password _____
Subscription Fees & Frequency _____
Details & Payment Notes _____
_____
_____

Website:

Company Name _____
Company Phone _____
Date Registered/Account Created _____

Registered Username _____
Account # _____
Registered Email Address _____
Password _____
Subscription Fees & Frequency _____
Details & Payment Notes _____
_____
_____

Website:

Company Name _____
Company Phone _____
Date Registered/Account Created _____

Registered Username _____
Account # _____
Registered Email Address _____
Password _____
Subscription Fees & Frequency _____
Details & Payment Notes _____
_____
_____

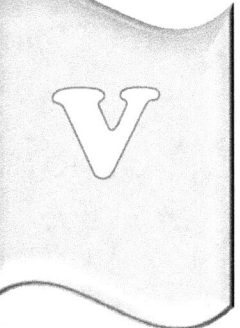

Website:

Company Name _____
Company Phone _____
Date Registered/Account Created _____

Registered Username _____
Account # _____
Registered Email Address _____
Password _____
Subscription Fees & Frequency _____
Details & Payment Notes _____
_____
_____

Website:

Company Name _____
Company Phone _____
Date Registered/Account Created _____

Registered Username _____
Account # _____
Registered Email Address _____
Password _____
Subscription Fees & Frequency _____
Details & Payment Notes _____
_____
_____

Website:

Company Name _____
Company Phone _____
Date Registered/Account Created _____

Registered Username _____
Account # _____
Registered Email Address _____
Password _____
Subscription Fees & Frequency _____
Details & Payment Notes _____
_____
_____

Website:

Company Name _____
Company Phone _____
Date Registered/Account Created _____

Registered Username _____
Account # _____
Registered Email Address _____
Password _____
Subscription Fees & Frequency _____
Details & Payment Notes _____
_____
_____

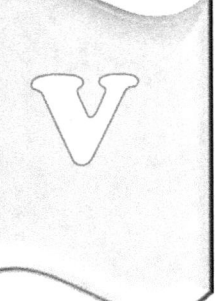

Website:

Company Name _____
Company Phone _____
Date Registered/Account Created _____

Registered Username _____
Account # _____
Registered Email Address _____
Password _____
Subscription Fees & Frequency _____
Details & Payment Notes _____
_____
_____

Website:

Company Name _____
Company Phone _____
Date Registered/Account Created _____

Registered Username _____
Account # _____
Registered Email Address _____
Password _____
Subscription Fees & Frequency _____
Details & Payment Notes _____
_____
_____

Website:

Company Name _____
Company Phone _____
Date Registered/Account Created _____

Registered Username _____
Account # _____
Registered Email Address _____
Password _____
Subscription Fees & Frequency _____
Details & Payment Notes _____
_____
_____

Website:

Company Name _____
Company Phone _____
Date Registered/Account Created _____

Registered Username _____
Account # _____
Registered Email Address _____
Password _____
Subscription Fees & Frequency _____
Details & Payment Notes _____
_____
_____

Website:

Company Name _____
Company Phone _____
Date Registered/Account Created _____

Registered Username _____
Account # _____
Registered Email Address _____
Password _____
Subscription Fees & Frequency _____
Details & Payment Notes _____
_____
_____

Website:

Company Name _____
Company Phone _____
Date Registered/Account Created _____

Registered Username _____
Account # _____
Registered Email Address _____
Password _____
Subscription Fees & Frequency _____
Details & Payment Notes _____
_____
_____

Website:

Company Name _____
Company Phone _____
Date Registered/Account Created _____

Registered Username _____
Account # _____
Registered Email Address _____
Password _____
Subscription Fees & Frequency _____
Details & Payment Notes _____
_____
_____

Website:

Company Name _____
Company Phone _____
Date Registered/Account Created _____

Registered Username _____
Account # _____
Registered Email Address _____
Password _____
Subscription Fees & Frequency _____
Details & Payment Notes _____
_____
_____

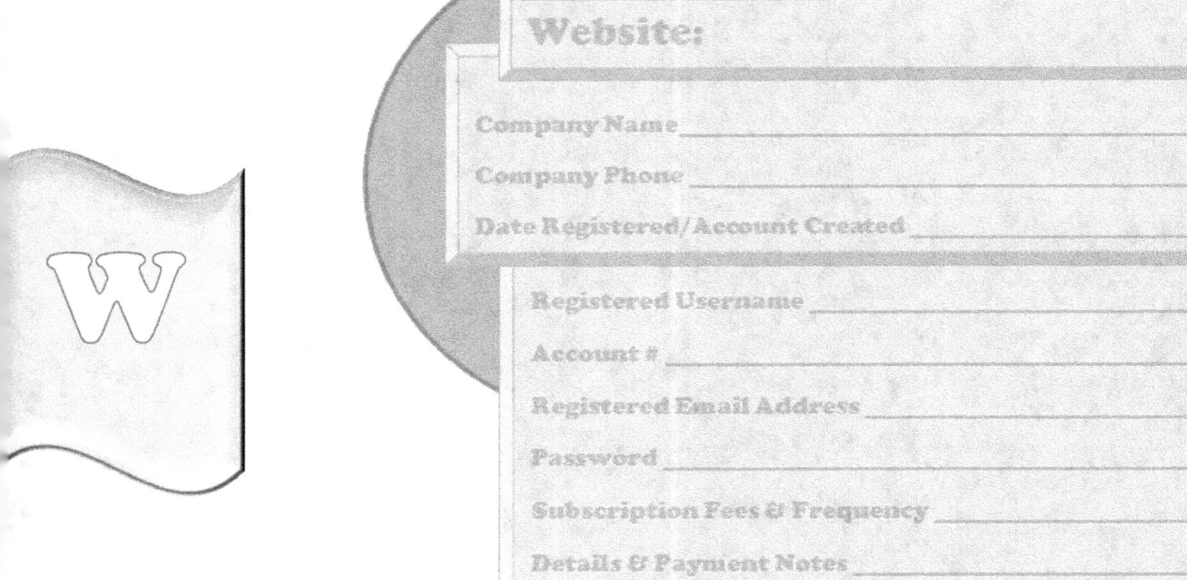

Website:

Company Name _____
Company Phone _____
Date Registered/Account Created _____

Registered Username _____
Account # _____
Registered Email Address _____
Password _____
Subscription Fees & Frequency _____
Details & Payment Notes _____
_____
_____

Website:

Company Name _____
Company Phone _____
Date Registered/Account Created _____

Registered Username _____
Account # _____
Registered Email Address _____
Password _____
Subscription Fees & Frequency _____
Details & Payment Notes _____
_____
_____

Website:

Company Name _____
Company Phone _____
Date Registered/Account Created _____

Registered Username _____
Account # _____
Registered Email Address _____
Password _____
Subscription Fees & Frequency _____
Details & Payment Notes _____
_____
_____

Website:

Company Name _____
Company Phone _____
Date Registered/Account Created _____

Registered Username _____
Account # _____
Registered Email Address _____
Password _____
Subscription Fees & Frequency _____
Details & Payment Notes _____
_____
_____

Website:

Company Name _____
Company Phone _____
Date Registered/Account Created _____

Registered Username _____
Account # _____
Registered Email Address _____
Password _____
Subscription Fees & Frequency _____
Details & Payment Notes _____
_____
_____

Website:

Company Name _____
Company Phone _____
Date Registered/Account Created _____

Registered Username _____
Account # _____
Registered Email Address _____
Password _____
Subscription Fees & Frequency _____
Details & Payment Notes _____
_____
_____

Website:

Company Name _____
Company Phone _____
Date Registered/Account Created _____

Registered Username _____
Account # _____
Registered Email Address _____
Password _____
Subscription Fees & Frequency _____
Details & Payment Notes _____
_____
_____

Website:

Company Name _____
Company Phone _____
Date Registered/Account Created _____

Registered Username _____
Account # _____
Registered Email Address _____
Password _____
Subscription Fees & Frequency _____
Details & Payment Notes _____
_____
_____

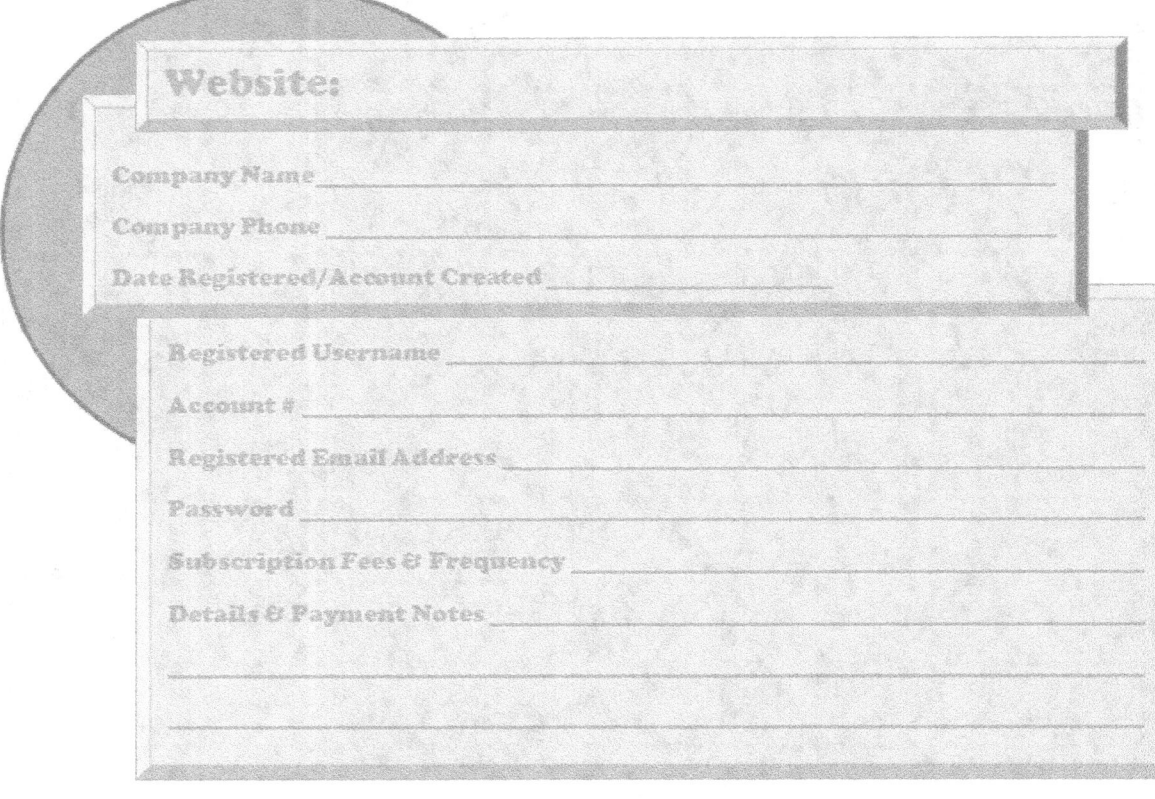

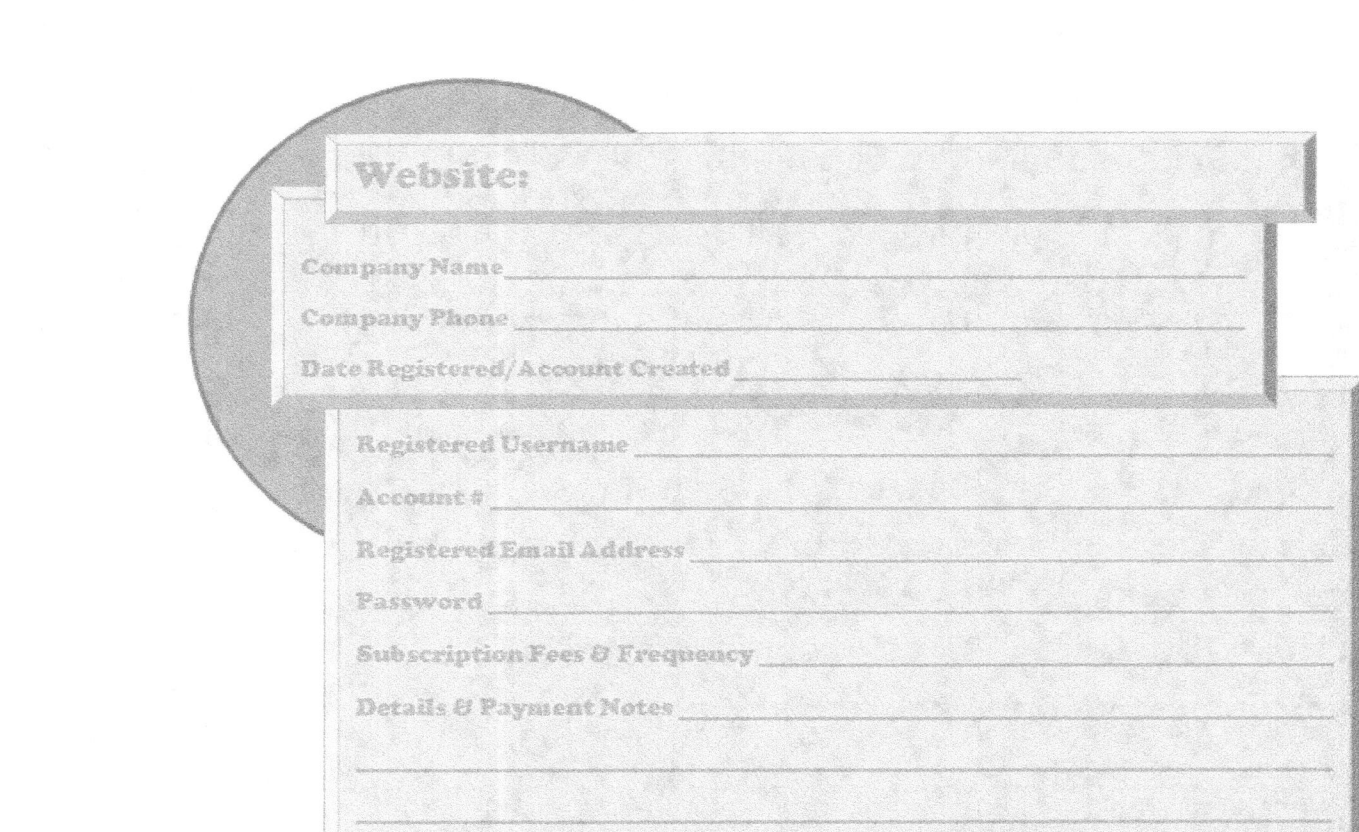

Website:

Company Name _____
Company Phone _____
Date Registered/Account Created _____

Registered Username _____
Account # _____
Registered Email Address _____
Password _____
Subscription Fees & Frequency _____
Details & Payment Notes _____
_____
_____

Website:

Company Name _____
Company Phone _____
Date Registered/Account Created _____

Registered Username _____
Account # _____
Registered Email Address _____
Password _____
Subscription Fees & Frequency _____
Details & Payment Notes _____
_____
_____

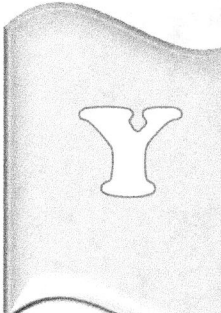

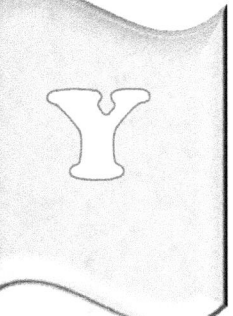

Website:

Company Name _____
Company Phone _____
Date Registered/Account Created _____

Registered Username _____
Account # _____
Registered Email Address _____
Password _____
Subscription Fees & Frequency _____
Details & Payment Notes _____
_____
_____

Website:

Company Name _____
Company Phone _____
Date Registered/Account Created _____

Registered Username _____
Account # _____
Registered Email Address _____
Password _____
Subscription Fees & Frequency _____
Details & Payment Notes _____
_____
_____

Website:

Company Name _____
Company Phone _____
Date Registered/Account Created _____

Registered Username _____
Account # _____
Registered Email Address _____
Password _____
Subscription Fees & Frequency _____
Details & Payment Notes _____
_____
_____

Website:

Company Name _____
Company Phone _____
Date Registered/Account Created _____

Registered Username _____
Account # _____
Registered Email Address _____
Password _____
Subscription Fees & Frequency _____
Details & Payment Notes _____
_____
_____

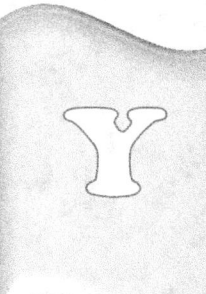

Website:

Company Name _____
Company Phone _____
Date Registered/Account Created _____

Registered Username _____
Account # _____
Registered Email Address _____
Password _____
Subscription Fees & Frequency _____
Details & Payment Notes _____
_____
_____

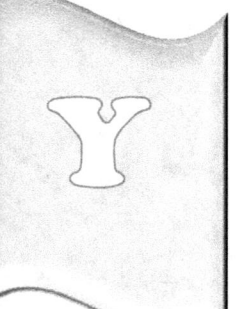

Website:

Company Name _____
Company Phone _____
Date Registered/Account Created _____

Registered Username _____
Account # _____
Registered Email Address _____
Password _____
Subscription Fees & Frequency _____
Details & Payment Notes _____
_____
_____

Website:

Company Name _____
Company Phone _____
Date Registered/Account Created _____

Registered Username _____
Account # _____
Registered Email Address _____
Password _____
Subscription Fees & Frequency _____
Details & Payment Notes _____
_____
_____

Website:

Company Name _____
Company Phone _____
Date Registered/Account Created _____

Registered Username _____
Account # _____
Registered Email Address _____
Password _____
Subscription Fees & Frequency _____
Details & Payment Notes _____
_____
_____

Website:

Company Name _____
Company Phone _____
Date Registered/Account Created _____

Registered Username _____
Account # _____
Registered Email Address _____
Password _____
Subscription Fees & Frequency _____
Details & Payment Notes _____
_____
_____

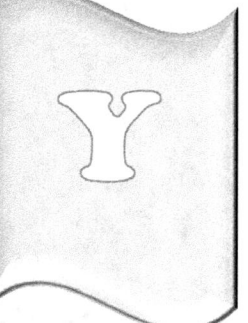

Website:

Company Name _____
Company Phone _____
Date Registered/Account Created _____

Registered Username _____
Account # _____
Registered Email Address _____
Password _____
Subscription Fees & Frequency _____
Details & Payment Notes _____
_____
_____

Website:

Company Name _____
Company Phone _____
Date Registered/Account Created _____

Registered Username _____
Account # _____
Registered Email Address _____
Password _____
Subscription Fees & Frequency _____
Details & Payment Notes _____
_____
_____

Website:

Company Name _____
Company Phone _____
Date Registered/Account Created _____

Registered Username _____
Account # _____
Registered Email Address _____
Password _____
Subscription Fees & Frequency _____
Details & Payment Notes _____
_____
_____

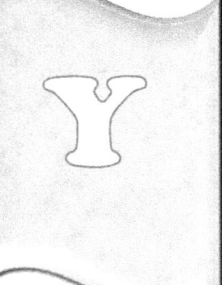

Website:

Company Name _____
Company Phone _____
Date Registered/Account Created _____

Registered Username _____
Account # _____
Registered Email Address _____
Password _____
Subscription Fees & Frequency _____
Details & Payment Notes _____
_____
_____

Website:

Company Name _____
Company Phone _____
Date Registered/Account Created _____

Registered Username _____
Account # _____
Registered Email Address _____
Password _____
Subscription Fees & Frequency _____
Details & Payment Notes _____
_____
_____

Website:

Company Name _____
Company Phone _____
Date Registered/Account Created _____

Registered Username _____
Account # _____
Registered Email Address _____
Password _____
Subscription Fees & Frequency _____
Details & Payment Notes _____
_____
_____

Website:

Company Name _____
Company Phone _____
Date Registered/Account Created _____

Registered Username _____
Account # _____
Registered Email Address _____
Password _____
Subscription Fees & Frequency _____
Details & Payment Notes _____
_____
_____

Z

Website:

Company Name _____
Company Phone _____
Date Registered/Account Created _____

Registered Username _____
Account # _____
Registered Email Address _____
Password _____
Subscription Fees & Frequency _____
Details & Payment Notes _____
_____
_____

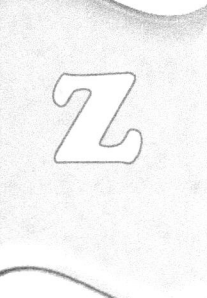

Website:

Company Name _____
Company Phone _____
Date Registered/Account Created _____

Registered Username _____
Account # _____
Registered Email Address _____
Password _____
Subscription Fees & Frequency _____
Details & Payment Notes _____
_____
_____

Website:

Company Name _____
Company Phone _____
Date Registered/Account Created _____

Registered Username _____
Account # _____
Registered Email Address _____
Password _____
Subscription Fees & Frequency _____
Details & Payment Notes _____
_____
_____

Website:

Company Name _____
Company Phone _____
Date Registered/Account Created _____

Registered Username _____
Account # _____
Registered Email Address _____
Password _____
Subscription Fees & Frequency _____
Details & Payment Notes _____
_____
_____

Z

Website:

Company Name _____
Company Phone _____
Date Registered/Account Created _____

Registered Username _____
Account # _____
Registered Email Address _____
Password _____
Subscription Fees & Frequency _____
Details & Payment Notes _____
_____
_____

Z

Website:

Company Name _____
Company Phone _____
Date Registered/Account Created _____

Registered Username _____
Account # _____
Registered Email Address _____
Password _____
Subscription Fees & Frequency _____
Details & Payment Notes _____
_____
_____

Notes

www.ingramcontent.com/pod-product-compliance
Lightning Source LLC
Chambersburg PA
CBHW082242310526
45795CB00013B/1949